AF194670

Impressum
Verlag: BABADADA GmbH, Nedderfeld 112 , 22529 Hamburg
Geschäftsführer / Verlagsleitung: Harald Hof
Druck: Books on Demand GmbH, In de Tarpen 42, 22848 Norderstedt

Imprint
Publisher: BABADADA GmbH, Nedderfeld 112 , 22529 Hamburg, Germany
Managing Director / Publishing direction: Harald Hof
Print: Books on Demand GmbH, In de Tarpen 42, 22848 Norderstedt, Germany

xue xiao

בית ספר

jiao shi
כיתה
chu
חילק
186/2
hei ban
לוח
xiao yuan
lao shi
מורה
zhi
נייר
shu xie
כתב
gang bi
עט
ban gong zhuo
שולחן עבודה
zhi chi
סרגל
shu
ספר
xue sheng
תלמיד

shu bao

ילקוט

qian bi he

קלמר

qian bi

עיפרון

juan bi dao

מחדד

xiang pi ca

גומי מחיקה

hua ban

חוברת סרטוט

tu hua

סרטוט

hua bi

מברשת

yan liao he

קופסת צבעים

jian dao

מספריים

jiao shui

דבק

lian xi ce

ספר תרגול

jia ting zuo ye

שיעור בית

shu zi

מספר

jia

חיבר

jian

חיסר

cheng

הכפיל

ji suan

חישב

zi mu

אות

zi mu biao

אלפבית

zi

מילה

ke wen

טקסט

du

קרא

fen bi

גיר

shang ke

שיעור

deng ji

יומן נוכחות

kao shi

מבחן

zheng shu

תעודה

xiao fu

תלבושת בית ספר

jiao yu

חינוך

bai ke quan shu

אנציקלופדיה

da xue

אוניברסיטה

xian wei jing

מיקרוסקופ

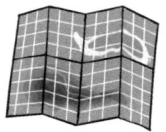

di tu

מפה

fei zhi kuang

סל נייר

lü xing
נסיעה

jiu dian
מלון
Grand
qing nian lü xing she
הוסטל
ROOMS
EXCHANGE
wai bi dui huan chu
המרת מטבע
shou ti xiang
מזוודה
qi che
אוטו

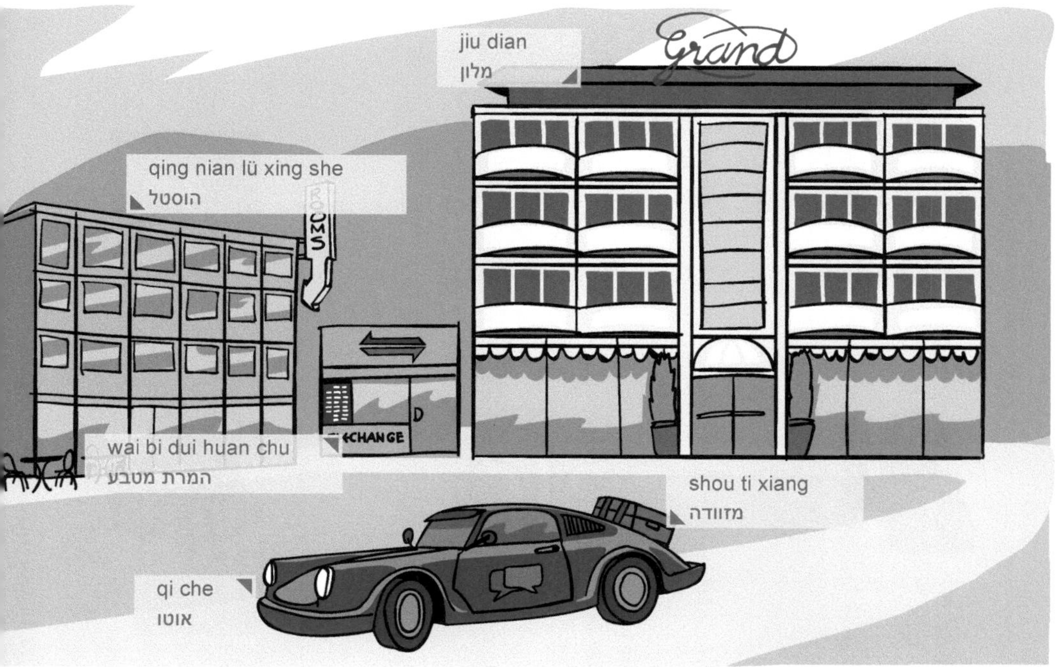

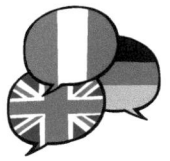

yu yan

שפה

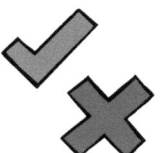

shi/fou

כן / לא

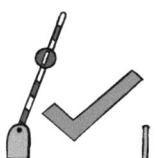

hao de

בסדר

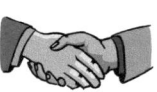

nin hao

שלום

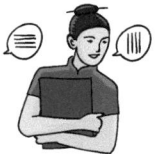

fan yi yuan

מתרגם

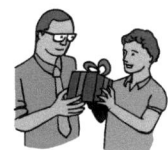

xie xie

תודה

......duo shao qian?

?כמה עולה.....

wo bu ming bai

אני לא מבין

wen ti

בעיה

wan shang hao!

ערב טוב!

zao shang hao!

בוקר טוב!

wan an!

לילה טוב!

zai jian

להתראות

fang xiang

כיוון

xing li

כבודה

bao

תיק

shuang jian bao

תרמיל גב

ke ren

אורח

fang jian

חדר

shui dai

שק שינה

zhang peng

אוהל

lü you xin xi

מרכז מידע לתיירים

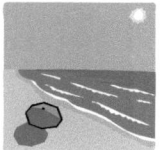

hai tan

חוף ים

xin yong ka

כרטיס אשראי

zao can

ארוחת בוקר

wu can

ארוחת צהריים

wan can

ארוחת ערב

piao

כרטיס

dian ti

מעלית

you piao

בול

bian jie

גבול

hai guan

מכס

da shi guan

שגרירות

qian zheng

אשרה

hu zhao

דרכון

jiao tong yun shu

תחבורה

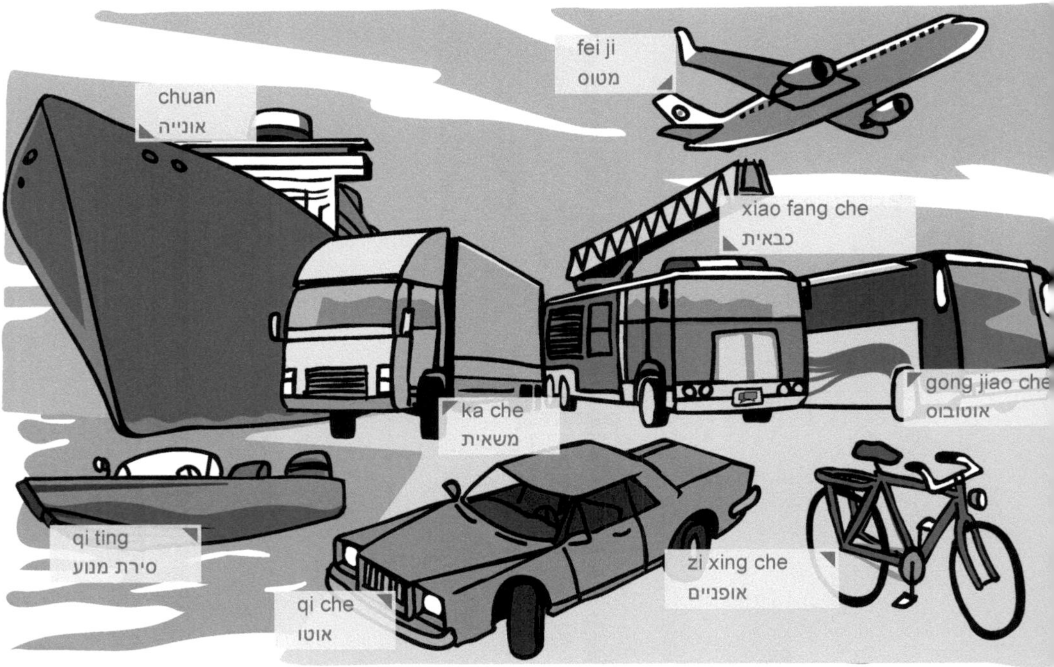

fei ji
מטוס
chuan
אונייה
xiao fang che
כבאית
gong jiao che
אוטובוס
ka che
משאית
qi ting
סירת מנוע
zi xing che
אופניים
qi che
אוטו

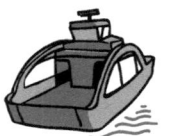

bai du chuan

מעבורת

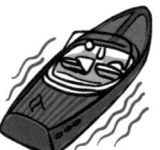

xiao chuan

סירה

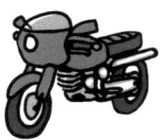

mo tuo che

אופנוע

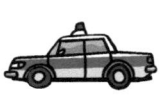

jing che

ניידת משטרה

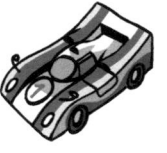

sai che

מכונית מרוץ

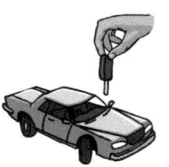

zu che

רכב שכור

pin che

מכוניות בשיתוף

tuo che

אוטו גרר

la ji che

משאית זבל

fa dong ji

מנוע

qi you

דלק

jia you zhan

תחנת דלק

jiao tong biao zhi

תמרור

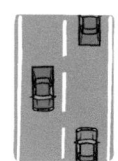

jiao tong

תנועה

jiao tong du sai

פקק תנועה

ting che chang

חניה

huo che zhan

תחנת רכבת

gui dao

פסי רכבת

huo che

רכבת

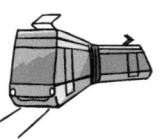

dian che

רכבת קלה

huo che

קרון

zhi sheng ji

מסוק

ji chang

שדה-תעופה

ta

מגדל

cheng ke

נוסע

ji zhuang xiang

קונטיינר

zhi ban xiang

קרטון

shou tui che

עגלה

lan zi

סל

qi fei/jiang luo

המראה / נחיתה

cheng shi

עיר

cun zhuang

כפר

shi zhong xin

מרכז העיר

fang zi

בית

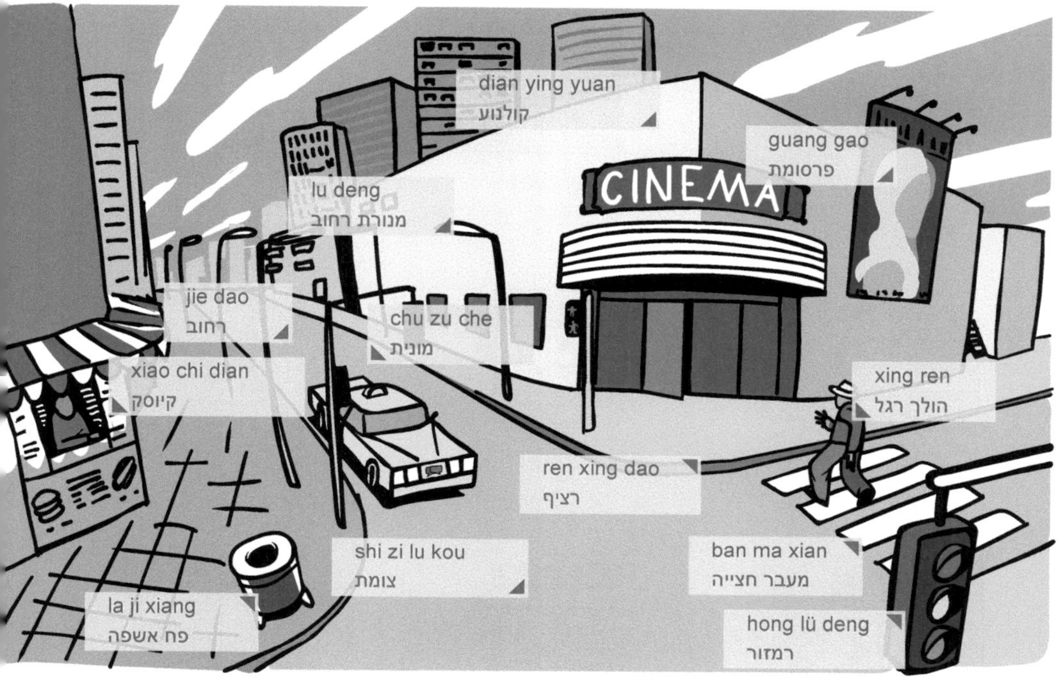

dian ying yuan
קולנוע
guang gao
פרסומת
CINEMA
lu deng
מנורת רחוב
jie dao
רחוב
chu zu che
מונית
xiao chi dian
קיוסק
xing ren
הולך רגל
ren xing dao
רציף
shi zi lu kou
צומת
ban ma xian
מעבר חצייה
la ji xiang
פח אשפה
hong lü deng
רמזור

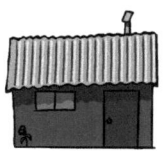

xiao wu

בקתה

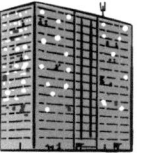

gong yu

דירה

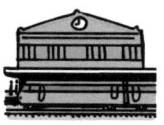

huo che zhan

תחנת רכבת

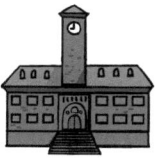

shi zheng ting

עירייה

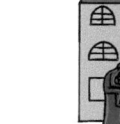

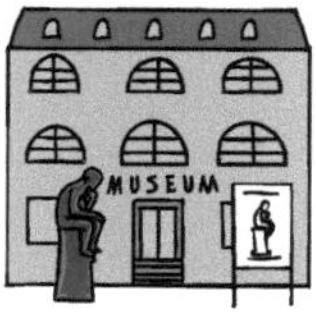

MUSEUM

bo wu guan

מוזיאון

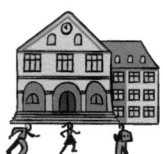

xue xiao

בית ספר

da xue

אוניברסיטה

yin hang

בנק

yi yuan

בית חולים

jiu dian

מלון

yao fang

בית מרקחת

ban gong shi

משרד

shu dian

חנות ספרים

shang dian

חנות

hua dian

חנות פרחים

chao shi

סופרמרקט

shi chang

שוק

bai huo shang dian

כל-בו

yu dian

מוכר דגים

gou wu zhong xin

קניון

hai gang

נמל

gong yuan

פארק

chang deng

ספסל

qiao

גשר

lou ti

מדרגות

di tie

רכבת תחתית

sui dao

מנהרה

gong jiao che zhan

תחנת אוטובוס

jiu ba

בר

can guan

מסעדה

you tong

תא דואר

lu biao

שלט רחוב

ting che ji shi qi

מדחן

dong wu yuan

גן חיות

you yong guan

בריכת שחיה

qing zhen si

מסגד

nong chang

חווה

wu ran

זיהום

mu di

בית עלמין

jiao tang

כנסייה

cao chang

מגרש משחקים

si miao

בית מקדש

di xing

נוף

shu ye
עלה

zhi shi pai
תמרור

lu
דרך

cao di
מרעה

shi tou
אבן

tu bu lü xing zhe
מטייל

shu
עץ

he
נהר

cao
דשא

hua
פרח

xia gu

בקעה

shan

הר

hu

אגם

sen lin

יער

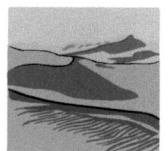

sha mo

מדבר

huo shan

הר געש

cheng bao

טירה

cai hong

קשת בענן

mo gu

פטריה

zong lü shu

דקל

wen zi

יתוש

cang ying

זבוב

ma yi

נמלה

mi feng

דבורה

zhi zhu

עכביש

jia chong

חיפושית

qing wa

צפרדע

song shu

סנאי

ci wei

קיפוד

ye tu

ארנב

mao tou ying

ינשוף

niao

ציפור

tian e

ברבור

ye zhu

חזיר בר

lu

צבי

mi lu

אייל הקורא

shui ba

סכר

feng li fa dian ji

טורבינת רוח

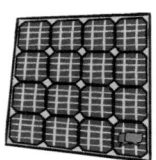

tai yang neng dian chi ban

פנל סולארי

qi hou

אקלים

can guan
מסעדה

fu wu yuan
מלצר
cai dan
תפריט
yi zi
כסא
tang
מרק
pi sa bing
פיצה
סכו"ם
zhuo bu
מפת שולחן

qian cai

מנת פתיחה

zhu cai

מנה עיקרית

tian dian

קינוח

yin liao

שתיות

shi wu

אוכל

ping zi

בקבוק

kuai can

מזון מהיר

jie bian xiao chi

אוכל רחוב

cha hu

קנקן תה

tang he

מסכרת

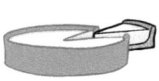

yi fen fan cai

מנה

yi shi ka fei ji

מכונת אספרסו

gao jiao yi

כסא תינוק

zhang dan

חשבון

tuo pan

מגש

dao

סכין

can cha

מזלג

shao zi

כף

cha chi

כפית

can jin

מפית

bo li bei

כוס

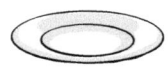

die zi

....

צלחת

tang pan

....

קערת מרק

die zi

....

תחתית

jiang

....

רוטב

yan ping

....

מלחייה

hu jiao mo

....

מטחנת פלפל

cu

....

חומץ

shi yong you

....

שמן

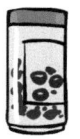

tiao wei liao

....

תבלינים

fan qie jiang

....

קטשופ

jie mo

....

חרדל

dan huang jiang

....

מיונז

chao shi

סופרמרקט

te jia
מבצע
FOR
gu ke
לקוח
ru zhi pin
מוצרי חלב
shui guo
פירות
gou wu che
עגלת קניות

rou pu

אטליז

mian bao fang

מאפייה

cheng zhong

שקל

shu cai

ירקות

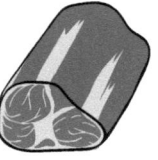

rou

בשר

leng dong shi pin

מזון קפוא

leng pan

בשר קר

guan tou shi pin

שימורים

xi yi fen

אבקת כביסה

tian shi

ממתקים

ri yong pin

מוצרי בית

qing jie yong pin

חומר ניקוי

xiao shou yuan

מוכרת

shou yin ji

קופה

shou yin yuan

קופאי

gou wu qing dan

רשימת קניות

kai fang shi jian

שעות פתיחה

qian bao

ארנק

xin yong ka

כרטיס אשראי

dai zi

תיק

su liao dai

שקית נילון

yin liao
שתיות

shui

מים

guo zhi

מיץ

niu nai

חלב

ke le

קולה

hong jiu

יין

pi jiu

בירה

jiu

אלכוהול

ke ke

קקאו

cha

תה

ka fei

קפה

yi shi nong suo ka fei

אספרסו

ka bu qi nuo

קפוצ'ינו

shi wu
אוכל

cheng zi

תפוז

ping guo

תפוח

xiang jiao

בננה

hu luo bo

גזר

ning meng

לימון

xi gua

אבטיח

yang cong

בצל

zhu zi

במבוק

da suan

שום

mian tiao

אטריות

jian guo

אגוזים

mo gu

פטריות

yi da li mian tiao

ספגטי

mi fan

אורז

sha la

סלט

shu tiao

צ'יפס

zha tu dou

צ'יפס

pi sa bing

פיצה

han bao bao

המבורגר

san ming zhi

כריך

zha zhu pai

שניצל

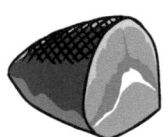

huo tui

שינקין

sa la mi

סלאמי

xiang chang

נקניקיה

ji rou

עוף

kao rou

טיגון

yu

דג

yan mai pian

שיבולת שועל

mu zi li

מוזלי

yu mi pian

קורנפלקס

mian fen

קמח

yang jiao mian bao

קרואסון

mian bao juan

לחמנייה

mian bao

לחם

kao mian bao

טוסט

bing gan

עוגיות

huang you

חמאה

ning ru

גבינה לבנה

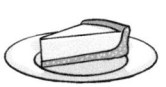

dan gao

עוגה

dan

ביצה

jian dan

ביצת עין

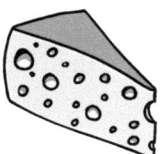

nai lao

גבינה

feng mi

דבש

tang

סוכר

bing ji lin

גלידה

ga li fan

קארי

qiao ke li jiang

ממרח נוגט

guo jiang

ריבה

nong chang

חווה

liang cang
אסם
dao cao kun
חבילת שחת
tian ye
שדה
ma
סוס
tuo che
עגלת נגרר
tuo la ji
טרקטור
ma ju
סייח
lü
חמור
yang
כבש
gao yang
טלה

shan yang

עז

nai niu

פרה

niu du

עגל

zhu

חזיר

xiao zhu

חזרזיר

gong niu

שור

e

אווז

ya

ברווז

xiao ji

אפרוח

mu ji

תרנגולת

gong ji

תרנגול

shu

חולדה

mao

חתול

lao shu

עכבר

niu

שור

gou

כלב

gou wu

מלונה

hua yuan jiao shui ruan guan

צינור השקיה

sa shui hu

קנקן מים

chang bing da lian dao

חרמש

li

מחרשה

lian dao

מגל

chu tou

מגרפה

chang bing cao pa

קלשון

fu tou

גרזן

du lun shou tui che

מריצה

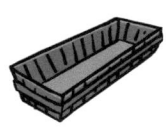

si liao cao

שוקת

niu nai guan

כד חלב

ma bu dai

שק

zha lan

גדר

ma jiu

אורווה

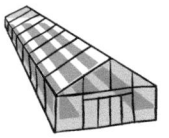

wen shi

חממה

tu rang

אדמה

zhong zi

זרע

fei liao

דשן

lian he shou ge ji

מקצרה

shou ge

קצר

shou ge

קציר

shan yao

בטטה אפריקנית

xiao mai

חיטה

da dou

סויה

tu dou

תפוח אדמה

yu mi

תירס

you cai zi

קנולה

guo shu

עץ פירות

shu shu

קסבה

gu wu

דגנים

fang zi
בית

yan cong
ארובה
wu ding
גג
luo shui guan
מרזב
chuang hu
חלון
che ku
מוסך
men ling
פעמון
men
דלת
la ji tong
פח אשפה
xin xiang
תיבת מכתבים
hua yuan
גינה

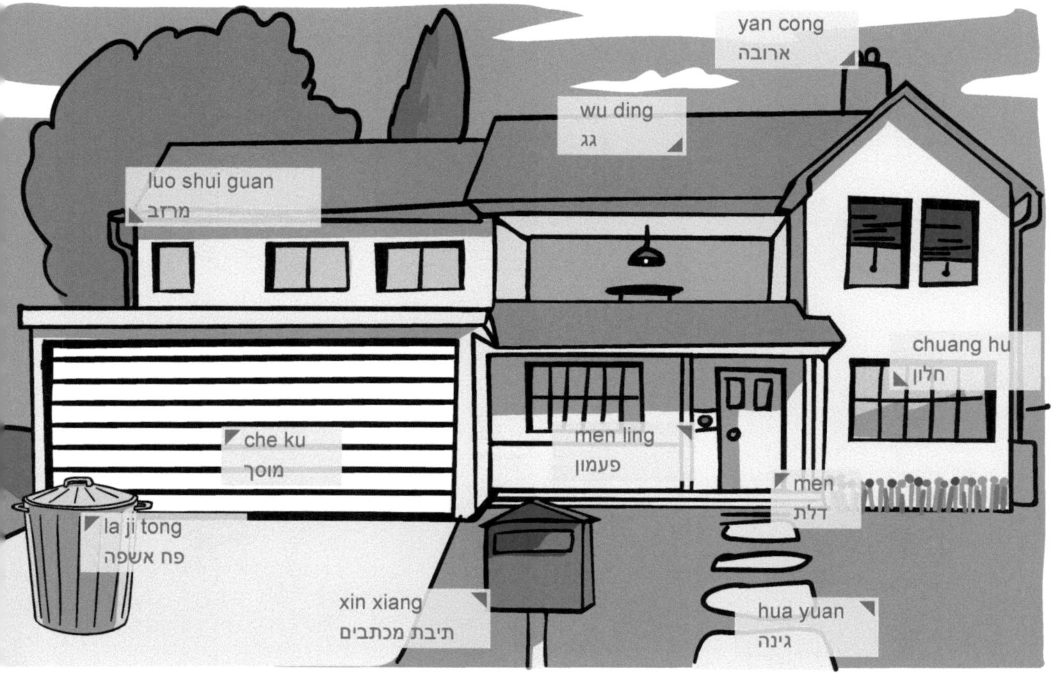

ke ting

סלון

yu shi

חדר אמבטיה

chu fang

מטבח

wo shi

חדר שינה

er tong fang

חדר ילדים

can ting

חדר אוכל

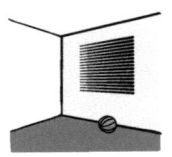

di ban

רצפה

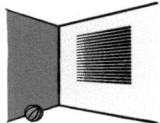

qiang bi

קיר

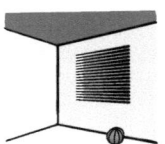

diao ding

תקרה

di jiao

מרתף

sang na

סאונה

yang tai

מרפסת

lu tai

מרפסת

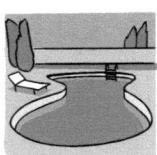

you yong chi

בריכה

ge cao ji

מכסחת דשא

bei dan

סדין

chuang zhao

כיסוי מיטה

chuang

מיטה

sao zhou

מטאטא

shui tong

דלי

kai guan

מפסק

ke ting
סלון

bi zhi
טפט
zhao pian
תמונה
tai deng
מנורה
ge jia
מדף
chu gui
ארון
dian shi ji
טלוויזיה
bi lu
אח
hua
פרח
dian zi
כרית
sha fa
ספה
hua ping
אגרטל
yao kong qi
שלט רחוק

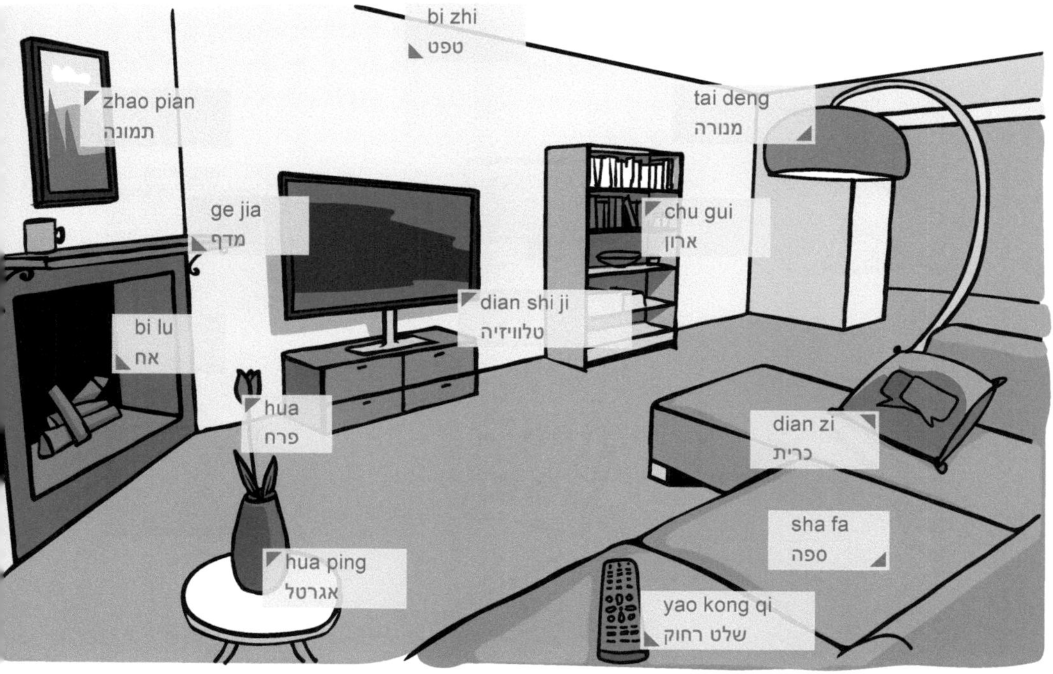

di tan

שטיח

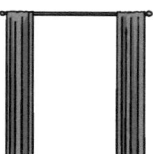

chuang lian

וילון

can zhuo

שולחן

yi zi

כסא

yao yi

כיסא נדנדה

fu shou yi

כורסה

shu

ספר

tan zi

שמיכה

zhuang shi pin

דקורציה

mu chai

עצי הסקה

dian ying

סרט

gao bao zhen yin xiang

מערכת סטריאו

yao shi

מפתח

bao zhi

עיתון

you hua

ציור

hai bao

פוסטר

shou yin ji

רדיו

bi ji ben

מחברת

xi chen qi

שואב אבק

xian ren zhang

קקטוס

la zhu

נר

chu fang

מטבח

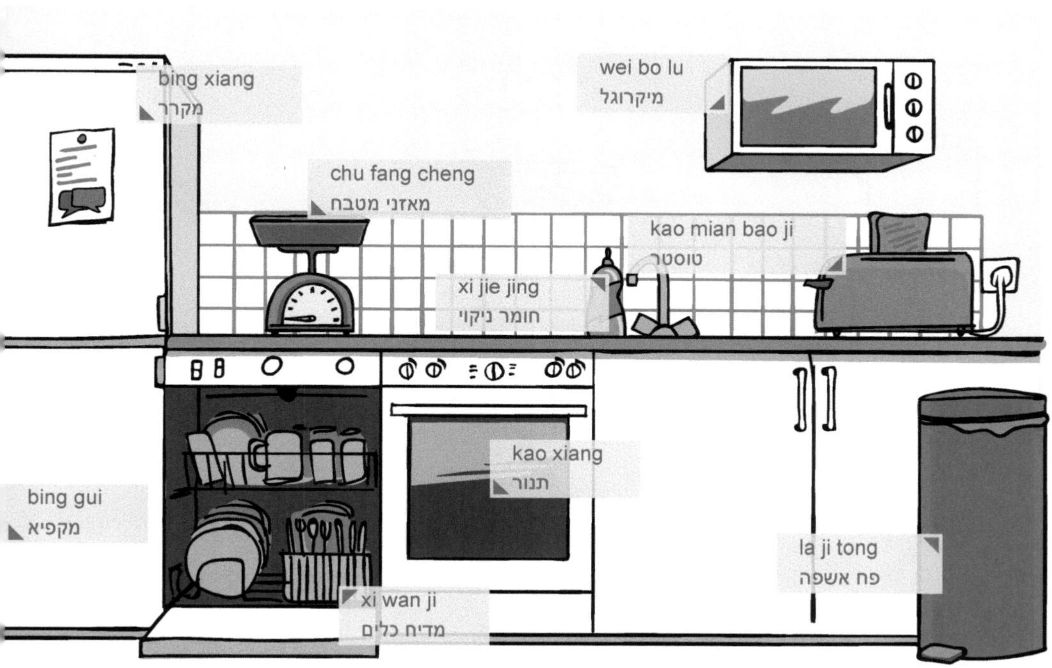

bing xiang
מקרר
wei bo lu
מיקרוגל
kao mian bao ji
טוסטר
xi jie jing
חומר ניקוי
kao xiang
תנור
bing gui
מקפיא
la ji tong
פח אשפה
xi wan ji
מדיח כלים

chui ju

תנור

guo

סיר

zhu tie guo

סיר ברזל

sha guo

ווק

ping di guo

מחבת

shui hu

קומקום חשמלי

zheng guo

מאדה

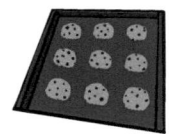

kao pan

מגש אפייה

tao ci guo

כלי אוכל

ma ke bei

ספל

wan

קערה

kuai zi

צ'ופסטיקס

chang bing shao

מצקת

chan zi

מרית

jiao ban qi

מטרפה

lü wang

מסננת בישול

shai zi

מסננת

mo sui ji

מגרדת

yan bo

מכתש

shao kao

גריל

ming huo

מדורה

cai ban

קרש חיתוך

gan mian zhang

מערוך

kai ping qi

פותחן פקקים

guan zi

פחית

kai ping qi

פותחן קופסאות

ge re shou tao

מטלית

shui cao

כיור

shua zi

מברשת

hai mian

ספוג

jiao ban ji

בלנדר

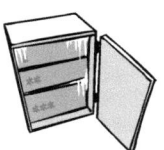

leng cang xiang

מקפיא

nai ping

בקבוק לתינוק

shui long tou

ברז

yu shi

חדר אמבטיה

מקלחת
gong nuan she bei
חימום
mao jin
מגבת
yu lian
וילון מקלחת
pao mo yu
אמבטיית קצף
yu gang
אמבטיה
bo li bei
כוס
xi yi ji
מכונת כביסה
shui long tou
ברז
ci zhuan
אריחים
bian hu
סיר לילה
shui cao
כיור

ce suo

אסלה

dun bian qi

אסלת כריעה

zuo yu qi

בידה

xiao bian chi

משתנה

ce zhi

נייר טואלט

ma tong shua

מברשת אסלה

ya shua

מברשת שיניים

ya gao

משחת שיניים

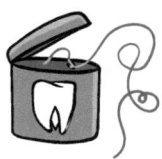

ya xian

חוט דנטלי

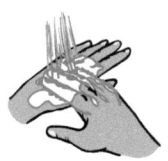

xi

שטף

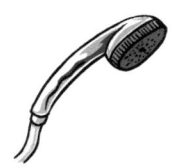

shou chi shi pen lin tou

מקלחת יד

chong xi qi

צינור שטיפה לשירותים

xi lian pen

קערת רחצה

ca bei shua

מברשת גב

fei zao

סבון

mu yu lu

ג'ל רחצה

xi fa shui

שמפו

fa lan rong

ליפה

pai shui

ניקוז

ru shuang

קרם

chu chou ji

דיאודורנט

jing zi

מראה

shou jing

מראת יד

ti xu dao

סכין גילוח

ti xu pao mo

קצף גילוח

xu hou shui

אפטרשייב

shu zi

מסרק

shua zi

מברשת

chui feng ji

מייבש שיער

pen fa ding xing ji

ספריי לשיער

hua zhuang pin

איפור

chun gao

שפתון

zhi jia you

לק

hua zhuang mian

צמר גפן

zhi jia jian

מספריים לציפורניים

xiang shui

בושם

xi shu bao

תיק כלי רחצה

deng zi

שרפרף

ji zhong cheng

משקל

yu pao

חלוק רחצה

xiang jiao shou tao

כפפות גומי

wei sheng mian tiao

טמפון

wei sheng jin

תחבושת סניטרית

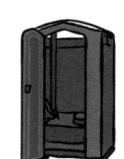

hua xue ce suo

שירותים כימיקליים

er tong fang
חדר ילדים

nao zhong
שעון מעורר
mao rong wan ju
צעצוע חיבוק
wan ju che
מכונית צעצוע
bo lang gu
רעשן
wan ju wu
בית בובות
li wu
מתנה

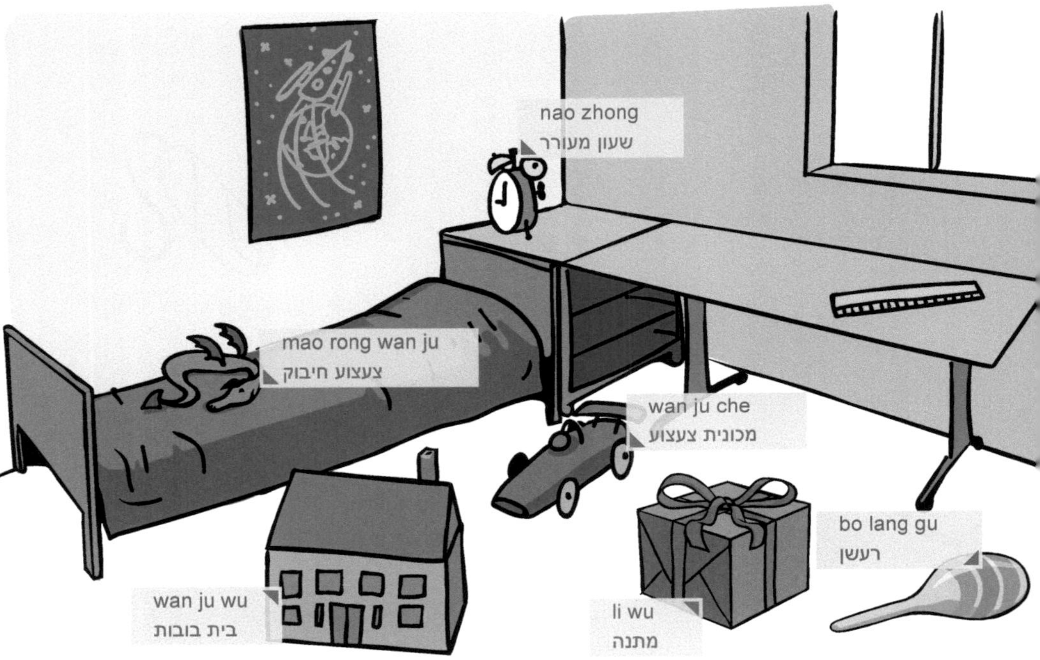

qi qiu

בלון

chuang

מיטה

(yang wa wa yong)ying er che

עגלה

pu ke pai

משחק קלפים

pin tu

פאזל

man hua

קומיקס

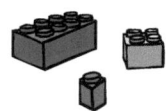

le gao ji mu

לגו

ji mu wan ju

קוביות משחק

wan ju ren

דמות משחק

ying er fu

סרבל תינוקות

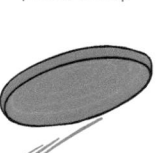

fei pan

פריזבי

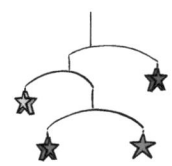

chuang ling wan ju

נייד

qi pan you xi

משחק לוח

shai zi

קוביה

huo che mo xing

רכבת צעצוע

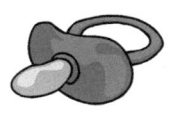

an fu nai zui

מוצץ

ju hui

מסיבה

hui ben

אלבום תמונות

qiu

כדור

yang wa wa

בובה

wan

שיחק

sha keng

ארגז חול

qiu qian

נדנדה

wan ju

צעצועים

you xi ji

קונסולת משחקים

san lun che

אופניים תלת גלגלי

tai di xiong

דובון

yi chu

ארון בגדים

yi fu

בגדים

wa zi

גרביים

chang wa

גרביונים

jin shen ku

גרביון

wei jin
צעיף

pi dai
חגורה

yu san
מטריה

T xu
חולצת טי

xue zi
מגפיים

tuo xie
נעלי בית

yun dong xie
נעלי ספורט

liang xie	xie	yu xue
סנדלים	נעליים	מגפי גומי

nei ku	xiong zhao	bei xin
תחתונים	חזייה	וסט

shen ti

גוף

ku zi

מכנסיים

niu zai ku

ג'ינס

duan qun

חצאית

nü shi chen shan

חולצה מכופתרת

chen shan

חולצה

tao tou shan

אפודה

wei yi

סווצ׳ר עם קפוצ׳ון

xi zhuang jia ke

בלייזר

jia ke

ז'קט

wai tao

מעיל

yu yi

מעיל גשם

tao zhuang

תלבושת

lian yi qun

שמלה

hun sha

שמלת כלה

xi zhuang

חליפה

shui pao

כותונת לילה

shui yi

פיג'מה

sha li

סארי

tou jin

מטפחת ראש

bao tou jin

טורבן

bo ka

בורקה

ka fu tan

קאפטן

(a la bo shi)chang pao

עבאיה

yong yi

בגד ים

nan shi yong ku

בגד ים

duan ku

מכנסיים קצרים

yun dong fu

בגד אימון

wei qun

סינר

shou tao

כפפות

niu kou

כפתור

yan jing

משקפיים

shou lian

צמיד יד

xiang lian

שרשרת

jie zhi

טבעת

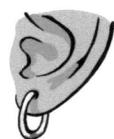

er huan

עגיל

bian mao

כובע

yi jia

קולב

mao zi

כובע

ling dai

עניבה

la lian

רוכסן

tou kui

קסדה

bei dai

כתפיות

xiao fu

תלבושת בית ספר

zhi fu

מדים

wei dou

מפית אוכל

an fu nai zui

מוצץ

niao bu shi

חיתול

ban gong shi

משרד

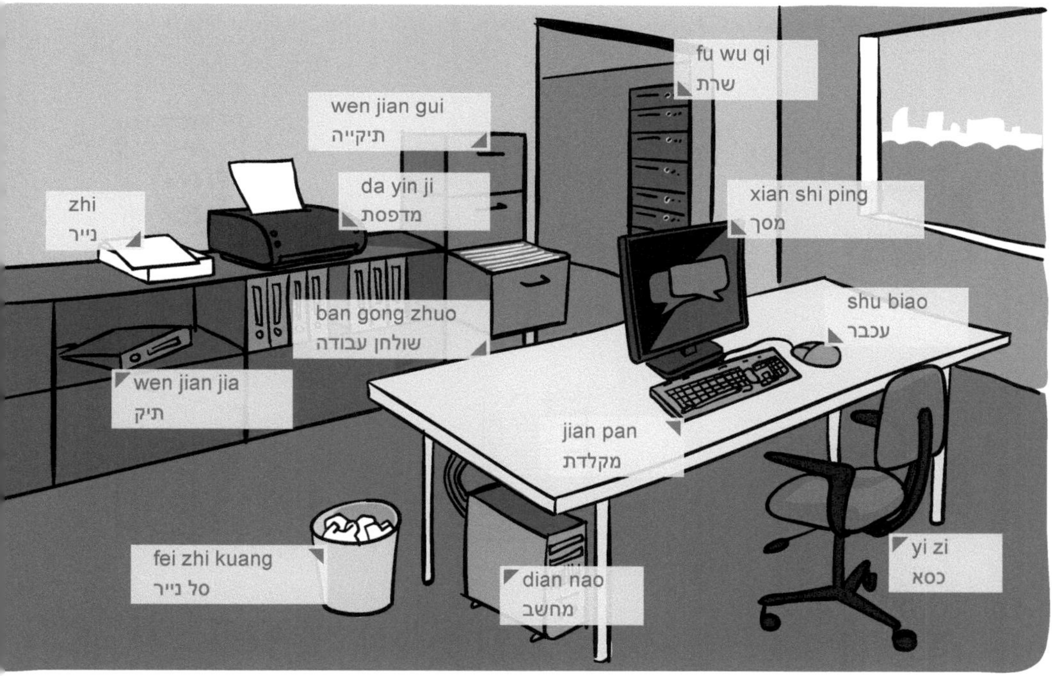

fu wu qi
שרת

wen jian gui
תיקייה

da yin ji
מדפסת

zhi
נייר

xian shi ping
מסך

ban gong zhuo
שולחן עבודה

shu biao
עכבר

wen jian jia
תיק

jian pan
מקלדת

yi zi
כסא

fei zhi kuang
סל נייר

dian nao
מחשב

ka fei bei

ספל קפה

ji suan qi

מחשבון

yin te wang

אינטרנט

bi ji ben dian nao

מחשב נייד

xin jian

מכתב

xiao xi

הודעה

shou ji

נייד

wang luo

רשת

fu yin ji

מכונת צילום

ruan jian

תוכנה

dian hua

טלפון

cha zuo

שקע

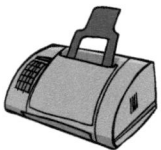

chuan zhen ji

פקס

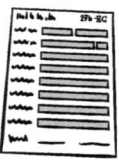

biao ge

טופס

wen jian

מסמך

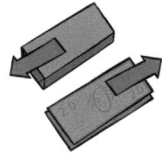

mai

קנה

fu qian

שילם

jiao yi

סחר

xian jin

כסף

mei yuan

דולר

ou yuan

יורו

ri yuan

ין

lu bu

רובל

rui shi fa lang

פרנק שווייצרי

ren min bi

יואן רנמינבי

lu bi

רופי

ti kuan chu

כספומט

wai bi dui huan chu

המרת מטבע

jin

זהב

yin

כסף

shi you

נפט

neng yuan

אנרגיה

jia ge

מחיר

he tong

חוזה

shui jin

מס

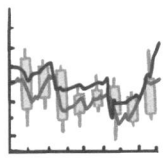

gu piao

מנייה

gong zuo

עבד

zhi yuan

עובד

lao ban

מעסיק

gong chang

מפעל

shang dian

חנות

zhi ye
מקצועות

jing guan
שוטר
xiao fang yuan
כבאי
chu shi
טבח
yi sheng
רופא
fei xing yuan
טייס

yuan ding
....
גנן

mu jiang
....
נגר

cai feng
....
תופרת

fa guan
....
שופט

hua xue jia
....
כימאי

yan yuan
....
שחקן

gong jiao che si ji

נהג אוטובוס

chu zu che si ji

נהג מונית

yu fu

דייג

qing jie nü gong

עובדת נקיון

wu ding gong

מתקן גגות

fu wu yuan

מלצר

lie ren

צייד

hua jia

צייר

mian bao shi

אופה

dian gong

חשמלאי

jian zhu gong ren

עובד בניין

gong cheng shi

מהנדס

tu fu

קצב

shui guan gong

אינסטלטור

you di yuan

דוור

shi bing

חייל

jian zhu shi

אדריכל

shou yin yuan

קופאי

hua nong

מוכר פרחים

li fa shi

ספר

shou piao yuan

כרטיסן

ji xie shi

מכונאי

chuan zhang

קברניט

ya yi

רופא שיניים

ke xue jia

מדען

la bi

רב

yi ma mu

אימאם

he shang

נזיר

mu shi

כומר

gong ju
כלי עבודה

qian zi
צבת
tie chui
פטיש
luo si dao
מברג
shou dian tong
פנס
ban shou
מפתח ברגים

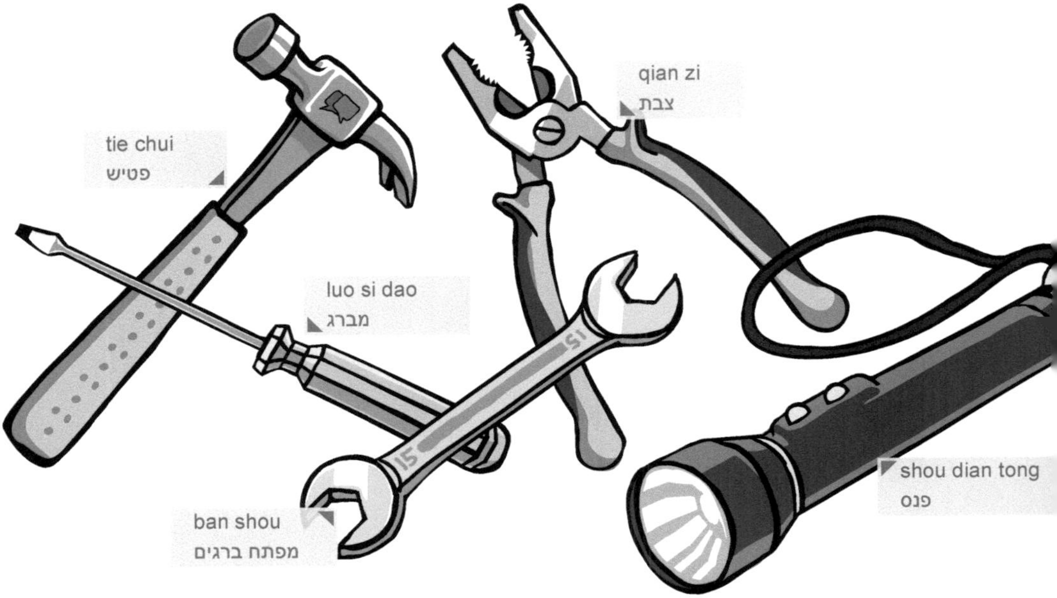

wa jue ji

דחפור

gong ju xiang

ארגז כלים

ti zi

סולם

ju zi

מסור

ding zi

מסמרים

zuan ji

מקדחה

xiu

תיקן

chan zi

את חפירה

kao!

לעזאזל!

bo ji

יעה

you qi tong

פח צבע

luo si

ברגים

yue qi

כלי נגינה

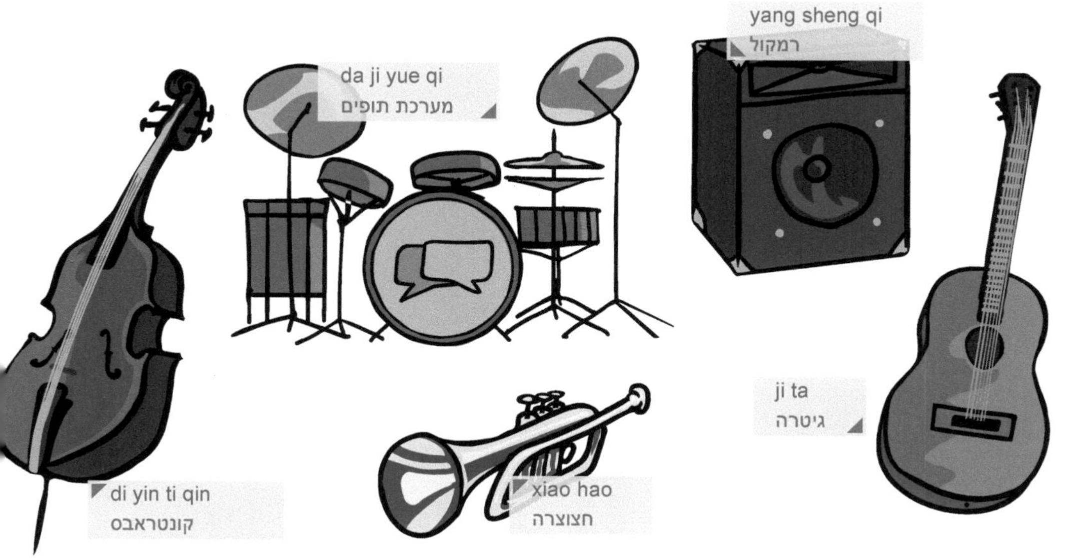

yang sheng qi
רמקול
da ji yue qi
מערכת תופים
ji ta
גיטרה
di yin ti qin
קונטראבס
xiao hao
חצוצרה

gang qin

פסנתר

xiao ti qin

כינור

bei si

בס

ding yin gu

תוף הדוד

gu

תופים

dian zi qin

מקלדת פסנתר

sa ke si guan

סקסופון

chang di

חליל

mai ke feng

מיקרופון

dong wu yuan

גן חיות

ru kou
כניסה
lao hu
נמר
long zi
כלוב
ban ma
זברה
dong wu si liao
מזון לחיות
xiong mao
פנדה

dong wu

בעלי חיים

da xiang

פיל

dai shu

קנגרו

xi niu

קרנף

da xing xing

גורילה

xiong

דוב

luo tuo

גמל

tuo niao

יען

shi zi

אריה

hou zi

קוף

huo lie niao

פלמינגו

ying wu

תוכי

bei ji xiong

דוב הקרח

qi e

פינגווין

sha yu

כריש

kong que

טווס

she

נחש

e yu

תנין

dong wu yuan guan li yuan

שומר גן החיות

hai bao

כלב ים

mei zhou bao

יגואר

ai zhong ma

סוס פוני

bao

לאופרד

he ma

היפופוטאם

chang jing lu

ג'ירפה

lao ying

נשר

ye zhu

חזיר בר

yu

דג

gui

צב

hai xiang

סוס ים

hu li

שועל

ling yang

איילה

ti yu

ספורט

gan lan qiu
פוטבול אמריקאי
qi zi xing che
רכיבת אופניים
wang qiu
טניס
lan qiu
כדורסל
you yong
שחיה
bing qiu
הוקי
quan ji
אגרוף

ying shi zu qiu

כדורגל

yu mao qiu

בדמינטון

tian jing

אתלטיקה

shou qiu

כדור-יד

hua xue

עשה סקי

ma qiu

פולו

huo dong
פעילויות

xiao
צחק
tiao
קפץ
yong bao
חיבק
zou lu
הלך
chang
שר
zuo meng
חלם
qi dao
התפלל
qin wen
נשק

shu xie

כתב

hua

צייר

zhan shi

הראה

tui

דחף

gei

נתן

na

לקח

you
יש / להיות הבעלים

zuo
עשה

dang
היה

zhan
עמד

pao
רץ

la
משך

reng
זרק

shuai dao
נפל

tang
שכב

deng dai
חיכה

xie dai
סחב

zuo
ישב

chuan yi
התלבש

shui jiao
ישן

xing lai
התעורר

kan

-הסתכל ב

ku

בכה

fu mo

ליטף

shu tou

סירק

jiao tan

דיבר

ming bai

הבין

wen

שאל

ting

שמע

he

שתה

chi

אכל

qing li

סידר

ai

אהב

zuo fan

בישל

kai che

נהג

fei

עף

du

קרא

ji suan

חישב

hang xing

שט

jie hun

התחתן

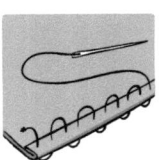

gong zuo

עבד

xue xi

למד

sha

הרג

shua ya

ציחצח שיניים

feng

תפר

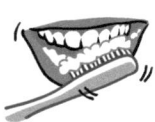

ji

שלח

chou yan

עישן

jia

משפחה

zu mu
סבתא
zu fu
סבא
fu qin
אבא
mu qin
אימא
ying tong
תינוק
nü er
בת
er zi
בן

ke ren

אורח

a yi

דודה

shu shu

דוד

xiong di

אח

jie mei

אחות

shen ti

גוף

qian e
מצח
yan jing
עין
jian bang
כתף
shou zhi
אצבע
lian
פנים
xia ba
סנטר
shou
כף יד
tui
רגל
ru fang
חזה
shou bi
זרוע

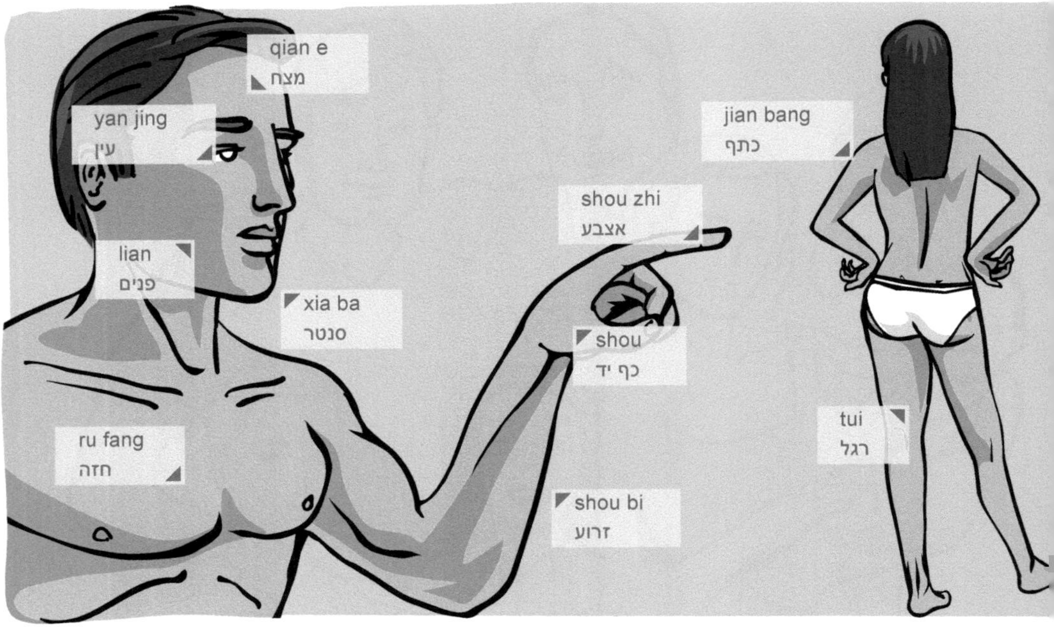

ying tong

תינוק

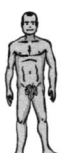

nan ren

איש

nü ren

אישה

nü hai

ילדה

nan hai

ילד

tou

ראש

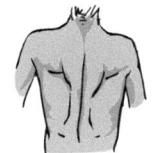

bei bu

גב

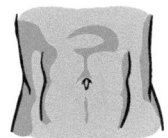

du zi

בטן

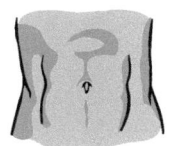

du qi

טבור

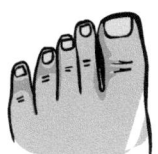

jiao zhi

אצבע

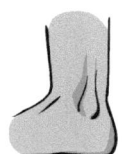

jiao hou gen

עקב

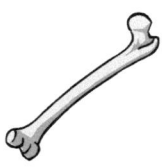

gu tou

עצם

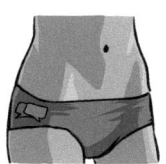

tun bu

ירך

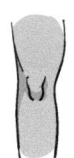

xi gai

ברך

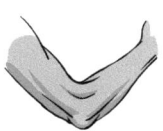

shou zhou

מרפק

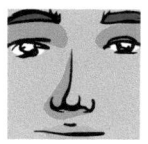

bi zi

אף

pi gu

עכוז

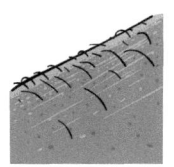

pi fu

עור

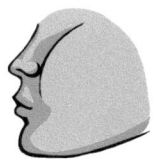

lian jia

לחי

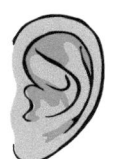

er duo

אוזן

zui chun

שפתיים

zui

פה

ya chi

שן

she tou

לשון

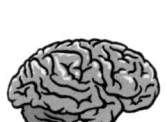

nao

מוח

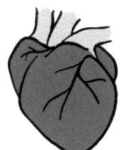

xin zang

לב

ji rou

שריר

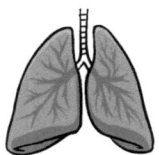

fei

ריאה

gan zang

כבד

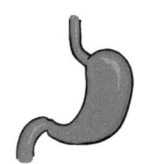

wei

קיבה

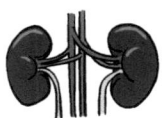

shen zang

כליות

xing jiao

מין

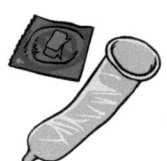

bi yun tao

קונדום

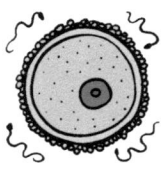

luan zi

ביצית

jing zi

זרע

huai yun

הריון

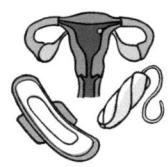

yue jing

וסת

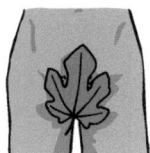

yin dao

נרתיק

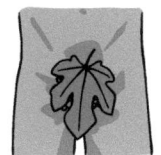

yin jing

פין

mei mao

גבה

tou fa

שיער

bo zi

צוואר

yi yuan
בית חולים

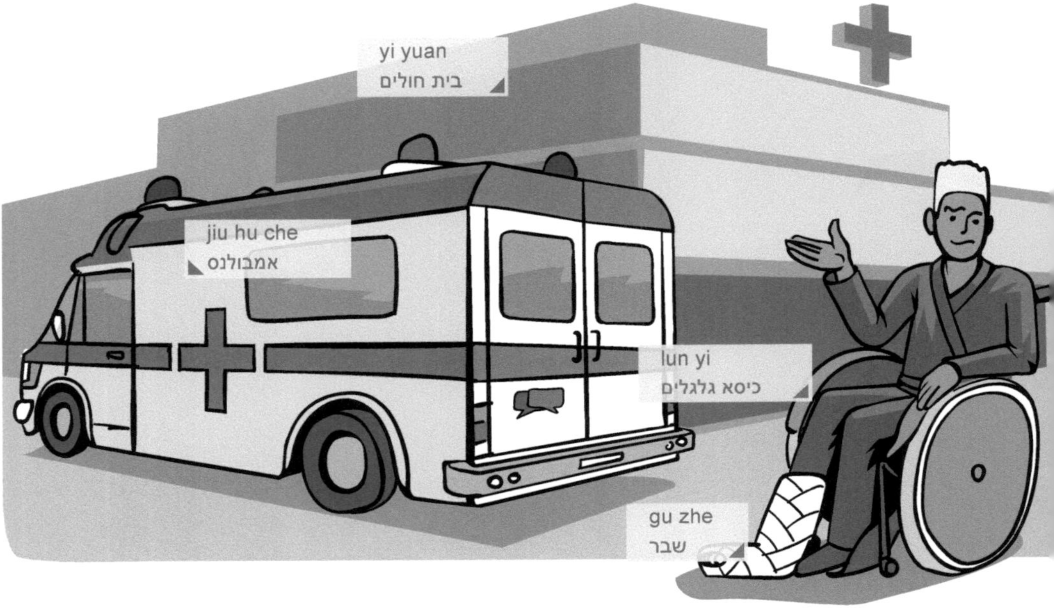

yi yuan
בית חולים
jiu hu che
אמבולנס
lun yi
כיסא גלגלים
gu zhe
שבר

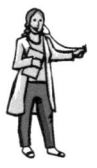

yi sheng

רופא

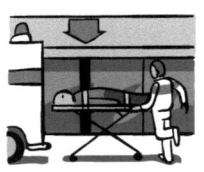

ji zhen shi

חדר מיון

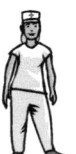

hu shi

אחות

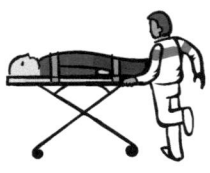

jin ji qing kuang

חירום

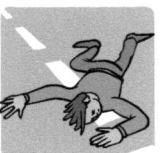

hun mi

חסר הכרה

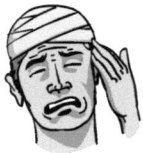

tong

כאב

shou shang

פציעה

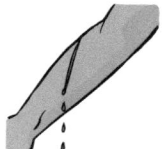

chu xue

דימום

xin zang bing fa zuo

התקף לב

zhong feng

שבץ

guo min

אלרגיה

ke sou

שיעול

fa shao

חום

liu gan

שפעת

fu xie

שלשול

tou tong

כאב ראש

ai zheng

סרטן

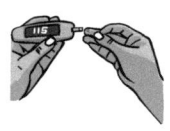

tang niao bing

סוכרת

wai ke yi sheng

מנתח

shou shu dao

אזמל

shou shu

ניתוח

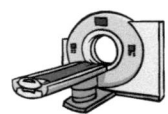

CT

סי-טי

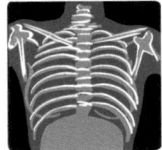

X guang

רנטגן

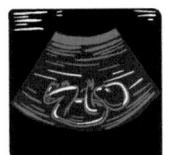

chao sheng bo

אולטרסאונד

kou zhao

מסיכת פנים

ji bing

מחלה

hou zhen shi

חדר המתנה

guai zhang

קבה

shi gao

פלסטר

beng dai

תחבושת

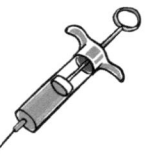

zhu she

זריקה

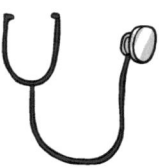

ting zhen qi

סטטוסקופ

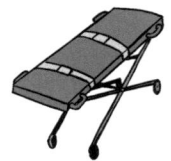

dan jia

אלונקה

ti wen ji

מד חום

chu sheng

לידה

chao zhong

עודף משקל

zhu ting qi

מכשיר שמיעה

xiao du ye

מחטא

gan ran

זיהום

bing du

נגיף

ai zi bing

איידס

yao wu

תרופה

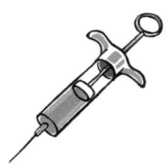

jie zhong yi miao

חיסון

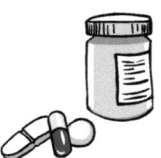

yao pian

טבליות

yao wan

גלולה

ji jiu dian hua

קריאת חירום

xue ya ji

מד לחץ דם

sheng bing/jian kang

חולה / בריא

jin ji qing kuang

חירום

jiu ming!

הצילו!

jing bao

אזעקה

tu ji

פשיטה

gong ji

תקיפה

wei xian

סכנה

jin ji chu kou

יציאת חירום

zhao huo la!

אש!

mie huo qi

מטף כיבוי

yi wai

תאונה

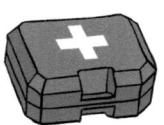

ji jiu xiang

ערכת עזרה ראשונה

hu jiu xin hao

הצילו!

jing cha

משטרה

di qiu
כדור הארץ

ou zhou

אירופה

bei mei zhou

צפון אמריקה

nan mei zhou

דרום אמריקה

fei zhou

אפריקה

ya zhou

אסיה

ao zhou

אוסטרליה

da xi yang

האוקיינוס האטלנטי

tai ping yang

האוקיינוס השקט

yin du yang

האוקיינוס ההודי

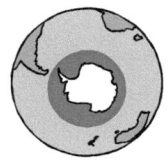

nan bing yang

האוקיינוס האנטרקטי

bei bing yang

האוקיינוס הארקטי

bei ji

הקוטב הצפוני

di qiu

כדור הארץ

nan ji zhou

אנטארקטיקה

nan ji

הקוטב הדרומי

dao

אי

hai

ים

lu di

אדמה

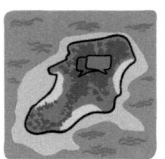

guo jia

מדינה

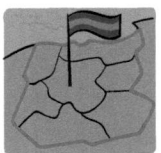

guo jia

לאום

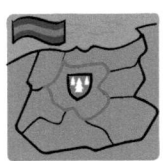

zhong biao

שעון

zhong mian

פני השעון

shi zhen

מחוג השעות

fen zhen

מחוג הדקות

miao zhen

מחוג השניות

xian zai ji dian?

מה השעה?

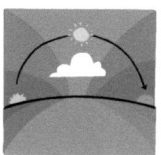

tian

יום

shi jian

זמן

xian zai

עכשיו

dian zi biao

שעון דיגיטלי

fen

דקה

shi

שעה

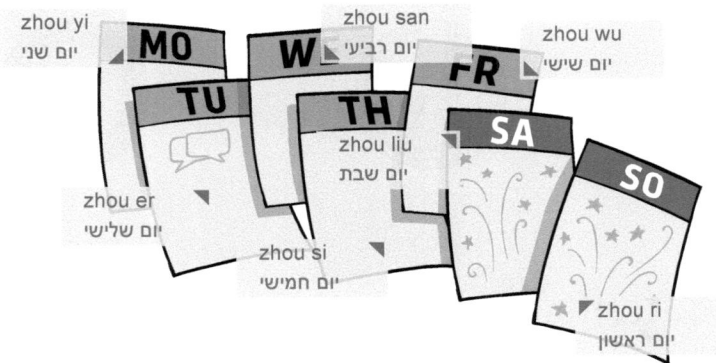

zhou

שבוע

zhou yi
יום שני
zhou er
יום שלישי
zhou san
יום רביעי
W
zhou si
יום חמישי
zhou wu
יום שישי
zhou liu
יום שבת
SA
zhou ri
יום ראשון

zuo tian

אתמול

jin tian

היום

ming tian

מחר

zao chen

בוקר

zhong wu

צהריים

wan shang

ערב

gong zuo ri

ימי עבודה

zhou mo

סוף שבוע

nian

שנה

yu
גשם
cai hong
קשת בענן
xue
שלג
feng
רוח
chun
אביב
qiu
סתיו
xia
קיץ
dong
חורף

4.APRIL 11°
5.APRIL 4°
6.APRIL 13°
7.APRIL 8°
8.APRIL 10°

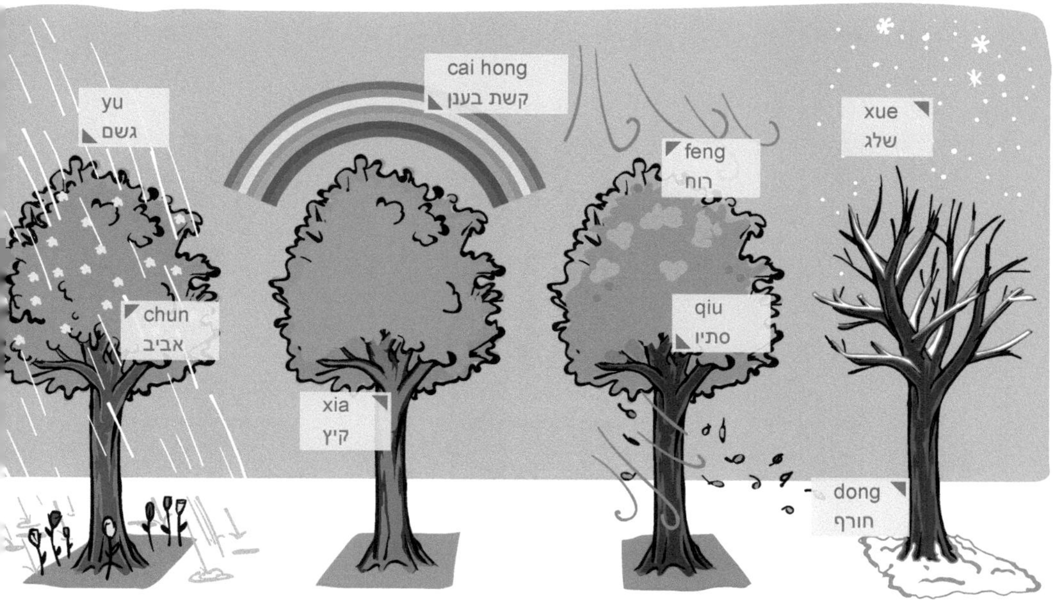

tian qi yu bao

תחזית מזג האוויר

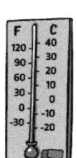

wen du ji

מד חום

yang guang

אור שמש

yun

ענן

wu

ערפל

chao shi

לחות

shan dian

ברק

da lei

רעם

feng bao

סערה

bing bao

ברד

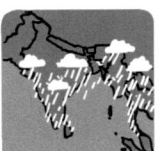

ji feng

רוח עונתי

hong shui

שיטפון

bing

קרח

yi yue

ינואר

er yue

פברואר

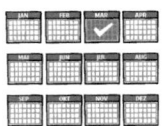

san yue

מרץ

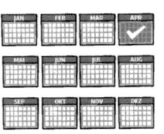

si yue

אפריל

wu yue

מאי

liu yue

יוני

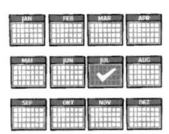

qi yue

יולי

ba yue

אוגוסט

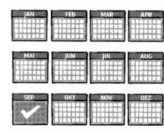

jiu yue
....
ספטמבר

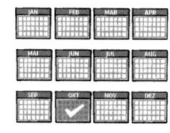

shi yue
....
אוקטובר

shi yi yue
....
נובמבר

shi er yue
....
דצמבר

xing zhuang

צורות

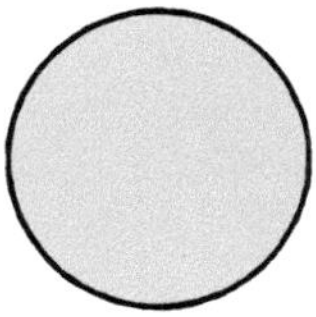

yuan xing
....
עיגול

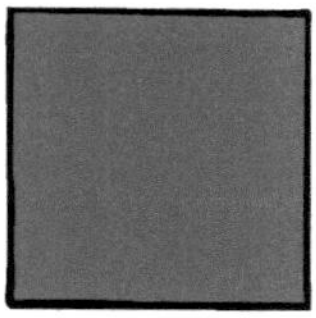

zheng fang xing
....
מרובע

chang fang xing
....
מלבן

san jiao xing
....
משולש

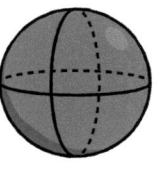

qiu ti
....
כדור

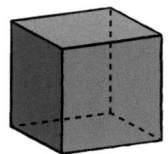

li fang ti
....
קובייה

yan se

צבעים

bai

לבן

huang

צהוב

cheng

כתום

fen

ורוד

hong

אדום

zi

סגול

lan

כחול

lü

ירוק

zong

חום

hui

אפור

hei

שחור

hen duo/shao xu

הרבה / מעט

sheng qi/ping jing

כועס / רגוע

mei/chou

יפה / מכוער

shou/wei

התחלה / סוף

da/xiao

גדול / קטן

ming/an

בהיר / כהה

xiong di/jie mei

אח / אחות

gan jing/ang zang

נקי / מלוכלך

wan zheng/que shi

שלם / חלקי

bai tian/wan shang

יום / לילה

si/sheng

מת / חי

kuan/zhai

רחב / צר

ke shi yong/fei shi yong

אכיל / לא אכיל

xie e/shan liang

רשע / טוב לב

xing fen/wu liao

מתרגש / משועמם

pang/shou

שמן / רזה

di yi/zui hou

ראשון / אחרון

peng you/di ren

חבר / אויב

man/kong

מלא / ריק

ying/ruan

קשה / רך

zhong/qing

כבד / קל

e/ke

רעב / צמא

sheng bing/jian kang

חולה / בריא

fei fa/he fa

בלתי-חוקי / חוקי

cong ming/yu ben

נבון / טיפש

zuo/you

שמאל / ימין

jin/yuan

קרוב / רחוק

xin/jiu

חדש / משומש

mei you/you xie

כלום / משהו

lao/you

זקן / צעיר

kai/guan

פעיל / כבוי

da kai/he shang

פתוח / סגור

an jing/chao nao

שקט / רועש

fu/qiong

עשיר / עני

dui/cuo

נכון / שגוי

cu cao/guang hua

מחוספס / חלק

shang xin/gao xing

עצוב / שמח

duan/chang

קצר / ארוך

man/kuai

איטי / מהיר

shi/gan

רטוב / יבש

wen nuan/liang shuang

חם / קר

zhan zheng/he ping

מלחמה / שלום

0

ling

אפס

1

yi

אחת

2

er

שתיים

3

san

שלוש

4

si

ארבע

5

wu

חמש

6

liu

שש

7

qi

שבע

8

ba

שמונה

9

jiu

תשע

10

shi

עשר

11

shi yi

אחת-עשרה

12

shi er

שתים-עשרה

13

shi san

שלוש-עשרה

14

shi si

ארבע-עשרה

15

shi wu

חמש-עשרה

16

shi liu

שש-עשרה

17

shi qi

שבע-עשרה

18

shi ba

שמונה-עשרה

19

shi jiu

תשע-עשרה

20

er shi

עשרים

100

bai

מאה

1.000

qian

אלף

1.000.000

bai wan

מיליון

yu yan
שפות

pu tong hua

סינית מנדרינית

mei shi ying yu

אנגלית אמריקאית

ying yu

אנגלית

fa yu

צרפתית

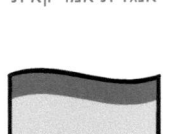

xi ban ya yu

ספרדית

yin di yu

הודית

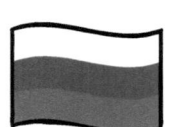

pu tao ya yu

פורטוגזית

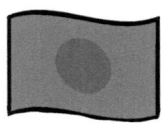

e yu

רוסית

a la bo yu

ערבית

ri yu

יפנית

de yu

גרמנית

feng jia la yu

בנגלית

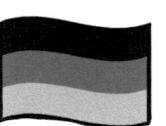

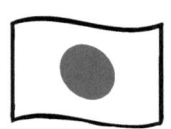

shei / shen me / zen yang

מי / מה / איך

wo

אני

ni

אתה / את

ta/ta/ta

הוא / היא / זה

wo men

אנחנו

ni men

אתם

ta men

הם

shei?

מי?

shen me?

מה?

zen yang?

איך?

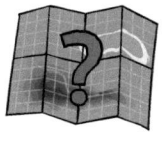

na li?

איפה?

shen me shi hou?

מתי?

ming zi

שם

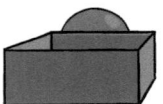

fang wei

איפה

hou mian

מאחור

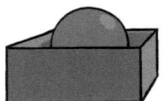

li mian

בתוך

qian mian

לפני

shang fang

מעל

shang mian

על

xia mian

מתחת

pang bian

ליד

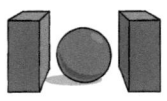

zhong jian

בין

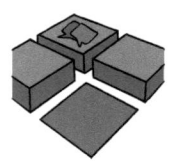

di dian

מקום